OEUVRES DE MOLIERE

ILLUSTRATIONS PAR

JACQUES LEMAN

LES DEUX FARCES

PARIS
CHEZ J. LEMONNYER, LIBRAIRE-EDITEUR
53 BIS QUAI DES GRANDS AUGUSTINS
M.DCCC.LXXXII

FARCES

ATTRIBUÉES

A J.-B. P. DE MOLIERE

V

LA JALOUSIE DU BARBOUILLÉ
LE MÉDECIN VOLANT

JUSTIFICATION DU TIRAGE

Il a été fait pour les Amateurs un tirage spécial sur papiers de luxe à 1,000 exemplaires, numérotés à la presse.

			NUMÉROS
125 exemplaires	sur papier du Japon.		1 à 125
75 —	sur papier de Chine.		126 à 200
200 —	sur papier Vélin à la cuve.		201 à 400
600 —	sur papier Vergé de Hollande.		401 à 1000

OEUVRES DE MOLIERE

ILLUSTRATIONS
PAR
JACQUES LEMAN

NOTICES
PAR
ANATOLE DE MONTAIGLON

PARIS
CHEZ J. LEMONNYER, LIBRAIRE-EDITEUR
53 BIS QUAI DES GRANDS AUGUSTINS
M.DCCC.LXXXII

NOTICE DES DEUX FARCES

ATTRIBUÉES A MOLIÈRE

PENDANT l'odyssée des caravanes provinciales de Molière et de sa Troupe Comique, leur répertoire était très différent de ce qu'il est devenu à Paris. La vogue des Grands Comédiens de l'Hôtel de Bourgogne, qui s'étaient arrogé le monopole du grand art et chez qui seuls la Tragédie et la Tragi-Comédie pouvaient avoir du succès, ont, dès le Petit-Bourbon et ensuite à l'Hôtel de la rue Guénégaud, forcé Molière à se suffire avec ses propres Comédies. En Province, il jouait nécessairement tout le grand répertoire courant, non plus Garnier ni Hardy, mais Théophile, Mairet, Rotrou, les deux Corneille, Scarron, et les autres nouveautés. Avant *l'Étourdi* et *le Dépit*, Molière n'a touché à la Comédie que par la Farce, et le mot, comme la chose, lui était familier. N'est-ce pas dans *l'Etourdi* (vers 619-20) qu'il fait dire au bonhomme Anselme, quand il a pris son ami Pandolphe pour un Revenant :

> *De grâce, n'allez pas divulguer un tel conte;*
> *On en feroit jouer quelque* Farce *à ma honte,*

et, une fois à Paris, Molière n'a pas méprisé la Farce, source de ses premiers succès d'auteur.

La Préface, mise par La Grange à l'édition de 1682, nous apprend qu'à la première représentation donnée par la Troupe à Paris le 24 octobre 1658 devant le Roi, — sur un théâtre dressé dans la Salle des Gardes au vieux

Louvre, que nous appelons aujourd'hui la Salle des Caryatides, — la Pièce de début ne fut pas une Comédie, mais le Nicomède de M. de Corneille l'aîné :

« La Pièce achevée, M. de Molière vint sur le Théâtre et, après avoir remercié Sa Majesté de la bonté qu'Elle avoit eue d'excuser ses défauts et ceux de toute sa Troupe, il lui dit que, puisqu'Elle avoit bien voulu souffrir leurs manières de campagne, il la supplioit d'avoir agréable qu'il lui donnât un de ces petits divertissements qui lui avoient acquis quelque réputation et dont il régaloit les Provinces. Le Compliment fut si bien tourné et si agréablement reçu que toute la Cour y applaudit, encore plus à la petite Comédie, qui fut celle du *Docteur amoureux*. Cette Comédie, qui ne contenoit qu'un acte, et quelques autres de cette nature n'ont pas été imprimées; il les avoit faites sur quelques idées plaisantes, sans y avoir mis la dernière main, et il trouva à propos de les supprimer lorsqu'il se fut proposé pour but, dans toutes ses Pièces, de corriger les Hommes de leurs défauts. Comme il y avoit longtemps qu'on ne jouoit plus de petites Comédies, l'invention en parut nouvelle, et celle qui fut représentée ce jour-là, divertit autant qu'elle surprit tout le monde. M. de Molière faisoit le Docteur, et la manière dont il s'acquitta de ce personnage le mit dans une si grande estime que Sa Majesté donna des ordres pour établir sa Troupe à Paris ».

On connaît trois Pièces sous ce nom, d'abord, et bien avant 1658, un autre *Docteur amoureux*, comédie en cinq actes et en vers, jouée à l'Hôtel de Bourgogne en 1637 et imprimée l'année suivante, dans la Préface de laquelle l'auteur, un certain Levert, s'excuse d'avoir donné ce titre parceque son Docteur n'est qu'un épisode; son Pédant est amoureux d'une vieille Nourrice, qui le rebute et qu'il finit par rebuter, et il y a bien là le sujet d'une bonne Parade, à la fois comique et bouffonne.

Dans un autre *Docteur amoureux*, joué par les Italiens en 1745 et qu'on connaît en manuscrit, Métaphraste s'éprend de sa belle élève Flaminia; ce n'est qu'un lien commun de comédie Italienne, sans être une idée particulièrement *plaisante*.

Enfin *Le Pédagogue amoureux*, Comédie en cinq actes et en vers de Chevalier, Comédien de la Troupe de Mademoiselle, imprimé en 1665 et dont la date est plus voisine de la Farce de Molière, pourrait bien plutôt en venir, au moins en partie; le Théâtre du xviie siècle ne se privait guère d'aller fourrager chez le voisin.

Malheureusement, en l'absence de tout renseignement sur le thême de Molière, il n'y a pas même de supposition à faire, et l'on n'en sait pas plus que M. de Calonne quand, à l'état de pastiche, il a, non pas restitué, mais réinventé le *Docteur amoureux* représenté à l'Odéon en 1845.

Selon Grimarest, Molière, dans son Compliment, avait offert au Roi le choix entre deux Farces, en le suppliant :

« D'agréer qu'il lui donnât un des petits Divertissements qui lui avoient acquis un peu de réputation dans les Provinces, en quoi il comptoit bien de réussir parcequ'il avoit accoutumé sa Troupe à jouer sur le champ de petites Comédies à la manière des Italiens. Il en avoit deux, entr'autres, que tout le monde en Languedoc, même les personnes les plus sérieuses, ne se lassoient pas de voir représenter. C'étoient *Les trois Docteurs rivaux* et *Le Maître d'école*, qui étoient entièrement dans le goût Italien. Le Roi parut satisfait du Compliment de Molière, qui l'avoit travaillé avec soin, et Sa Majesté voulut bien qu'il lui donnât la première de ces deux Pièces, qui eut un succès favorable. »

Il n'y a pas de doute; Grimarest appelle *Les trois Docteurs rivaux* ce que la Préface de La Grange appelle *Le Docteur amoureux*. Or, si La Grange, en 1660, 1661 et 1663, cite trois fois dans son Registre un *Docteur pédant*, qui peut être une autre Farce — les Pédants en méritaient plus d'une — il est remarquable qu'on y trouve, au 27 Mars 1661, une Farce intitulée *Les trois Docteurs*. Il est alors possible de supposer, à côté du Docteur amoureux et pour servir d'appuis et de comparses au protagoniste, deux autres rôles de Docteurs moins importants et, comme lui, à la chasse de la même Dulcinée. Cela expliquerait très bien l'identité réelle, sous une apparence différente, des deux titres de La Grange et de Grimarest.

En tous cas, Boileau, qui avait ri au *Docteur amoureux*, soit le grand jour de *Nicomède*, soit plus tard, s'est toujours souvenu de cette ébauche de Molière, qui, pour être brossée comme un décor, n'en avait pas moins été si bien au point de la Scène qu'elle avait décidé de la fortune de son génie; nous trouvons en effet dans le *Bolæana* que le vieux poëte, qui « ne se lassoit point d'admirer Molière, regrettoit fort qu'on eût perdu sa petite Comédie du *Docteur amoureux*, parcequ'il y avoit toujours quelque chose de saillant et d'instructif dans ses moindres ouvrages ».

Quant au *Maître d'Ecole*, il se pourrait que le hasard le fasse rencontrer un jour, puisque M. de Bombarde, un amateur du dernier siècle, passe pour en avoir possédé une copie manuscrite, et la Farce devait être celle indiquée en 1659 — Molière arrivait presque de la Province — et en

1664 par La Grange sous le titre de *Gros-René Écolier* et, par un des Registres de La Thorillière, sous celui de *Gros-René petit enfant*. Le changement d'appellation est tout naturel et doit faire penser que c'est René Berthelot, dit Duparc, attaché à la troupe de Molière depuis 1653, qui a pris à Paris le rôle du petit enfant, que devait rendre d'autant plus drôle sa corpulence bedonnante. Quand un excellent Farceur jouait un personnage, il y portait son nom de théâtre, qui était à lui seul la meilleure des recommandations et souvent même donnait le nom à la Pièce; ainsi tous les *Jodelets*. Peut-être celle-ci, qui pourrait bien n'avoir pas été inutile à la leçon de grammaire de Monsieur Jourdain, venait-elle d'un canevas italien originaire, continué aux Italiens dans leur *Scaramouche Pédant et Arlequin Écolier*, cité par Robinet en 1666, et dans leur *Arlequin Écolier ignorant et Scaramouche Pédant scrupuleux*, qui se jouait encore en 1707 à la Foire Saint-Germain.

Certainement Molière a dû éparpiller des Farces un peu partout. Ces deux-là sont les seules dont on ait authentiquement la trace provinciale; mais on en connaît d'autres à Paris, qui, malgré les variantes de l'improvisation, doivent être plutôt anciennes et avoir servi de nouveautés alors qu'elles n'étaient que des reprises.

On a cité *Le grand benêt de fils aussi sot que son père*, joué en 1664 et qui pouvait faire penser à Thomas Diafoirus. Le Registre de La Grange empêche l'erreur. C'était une grande Pièce puisqu'elle tenait tout le spectacle, et elle était de Brécourt, qui devait, en 1674, écrire *l'Ombre de Molière*.

D'après le même Registre, *Plan plan*, dans lequel on peut supposer que le tambour jouait un rôle, aurait deux fois accompagné *Dom Garcie* en 1661. Attribuons-le à Molière, en vertu du bénéfice de l'anonymat; mais il y a vraiment lieu de douter que *Le fin*, ailleurs *Le feint lourdaud, ou le Procureur dupé*, soit de lui. Il a été joué trente fois, de 1668 à 1672, et une œuvre de Molière, ainsi représentée avec succès pendant les cinq dernières années de sa vie, pourrait difficilement ne pas avoir laissé plus de traces.

La Casaque, jouée avec *l'École des Maris*, en 1664, et probablement basée sur un escamotage de travestissements rapides, semble bien pouvoir être une Parade de Molière, mais deux autres doivent être tout à fait certaines. Ce sont : *Le Fagoteux*, ou *Le Fagotier*, en avance de cinq ans sur l'une des meilleures scènes du *Médecin malgré lui*, qui est de 1666, et *Gorgibus dans le sac*, joué six fois en 1661, 1663 et 1664. Il est bien difficile que ce ne soit pas l'origine de la scène des *Fourberies de Scapin*, jouées en 1671, que Boileau reprochait à Molière, et dont le sac et les coups de bâton sont pourtant d'une fantaisie et d'une extravagance si gaies et si amusantes.

Voilà tout ce qu'on sait, pour mieux dire tout ce qu'on entrevoit des petites Pièces de Molière en Province et à Paris. Dans ses pérégrinations nomades il a dû en essayer bien d'autres, et il est bien malheureux de ne pas les posséder. Par bonheur, il en est resté deux, imprimées pour la première fois cent quarante-six ans après la mort de Molière.

Voltaire, dans sa trop courte notice sur Molière, y a fait allusion en quelques lignes, et La Serre, qu'on lui préféra pour le soin de la grande édition in-4° de 1734, en parle à peu près dans les mêmes termes. Cette ressemblance vient probablement de ce qu'ils auront connu tous deux une note antérieure de Jean-Baptiste Rousseau, qu'on avait voulu charger de l'édition et qui avait refusé. Dans sa Correspondance, publiée en 1749, deux lettres à Brossette de 1731 contiennent des détails intéressants sur ses relations avec Monsieur Chauvelin de Beauséjour, qui était Intendant de la Librairie. C'était celui-ci qui avait eu l'idée d'une belle édition de Molière et qui en avait demandé la Préface à Rousseau, alors à Bruxelles. Entre temps, M. Pallu, Intendant de Moulins, la demanda à Voltaire, dont le travail ne fut pas accepté ou plutôt n'eut pas à être refusé et fut laissé en dehors pour n'avoir pas été commandé officiellement. Ce fut M. Rouillé, successeur de M. de Chauvelin et suivant sans doute en cela ses intentions, qui en chargea La Serre, auteur de méchantes Pièces, mais pourvu de la charge de Censeur dramatique et par là connu de la Direction de la Librairie.

Rousseau se trouvait avoir dans son cabinet une copie manuscrite de *la Jalousie du Barbouillé* et du *Médecin volant* qui lui était tombée entre les mains; pour lui le canevas était bien de Molière, mais le style était d'un grossier Comédien de campagne et n'était digne ni de Molière ni du public. M. de Chauvelin ayant insisté, Rousseau, pour le convaincre de sa bonne foi, lui envoya « ces chefs d'œuvres impertinents », qu'il lui avait d'abord refusés, et M. de Chauvelin fut aussi de l'avis qu'on ne doit pas « regarder comme précieux tout ce qui est sorti de la plume des grands hommes et qu'on devoit au contraire, si on le pouvoit, supprimer avec discrétion tout ce qui n'auroit pas dû en sortir ». Rousseau aurait gagné à suivre le conseil pour lui-même, mais il n'a pas tenu à lui que les deux morceaux de Molière ne fussent perdus. Ils ont pourtant survécu, sans qu'on sache par quelles mains ils ont passé depuis M. de Chauvelin.

En 1819 M. Viollet-Leduc, plus curieux de notre ancienne littérature qu'on ne l'était de son temps, se fit l'honneur de les imprimer en une plaquette in-octavo chez Desoer, pour accompagner et compléter l'édition des Œuvres de Molière d'Auger, et le manuscrit, dont il n'indiquait pas le possesseur, continua de rester inconnu jusqu'au moment où il a été signalé par M. Ludovic Lalanne à la Bibliothèque Mazarine, où l'on ne sait à quel moment ni de quelle façon il est entré. Mais, comme l'a dit M. Despois, qui, dans l'édition des « Grands Écrivains » a effacé les retouches de modernisation de l'éditeur de 1819, « ce manuscrit, d'une vieille écriture et qui a pour titre, d'une main bien plus récente, *La Jalousie du Barbouillé et le Médecin volant, Comédies de Jean-Baptiste Pocquelin de Molière* », doit bien être celui qui avait été envoyé de Bruxelles par Rousseau et celui qui a servi à Viollet-Leduc.

Quant à la question d'attribution, elle ne fait pas de doute, et les preuves abonderaient.

C'est de *la Jalousie du Barbouillé* qu'est sorti, non pas *le Cocu imaginaire* — le Barbouillé l'est plus qu'en herbe, et la gerbe ne tardera pas — mais le troisième acte de Georges Dandin, qui est de 1668, alors que *le Barbouillé* n'est plus joué depuis 1664 et qu'il a été rejoué après *Sganarelle*, qui est de 1660. La scène principale et si amusante du *Médecin volant*, où le Valet passe incessamment par la fenêtre comme au travers d'un cerceau, et s'escamote lui-même à la façon d'une muscade pour se dédoubler, n'a pas été réemployée par Molière ; mais le titre de *L'Amour Médecin* lui conviendrait tout aussi bien qu'à la Pièce de 1665, et Somaize nous rend le service d'avoir reproché à Molière d'être « singe en tout ce qu'il fait », et d'avoir, « par une singerie dont il est seul capable, imité *le Médecin volant* et plusieurs autres Pièces des mêmes Italiens, qu'il n'imite pas seulement en ce qu'ils ont joué sur leur Théâtre, mais encore en leurs postures, contrefaisant sans cesse sur le sien et Trivelin et Scaramouche. »

Le Registre de La Grange est aussi très explicite là-dessus. Il ne parle point de *la Jalousie du Barbouillé*, mais il cite sept fois, en 1660, 1662,

1663 et 1664, soit *la Jalousie de Gros-René*, soit *Gros-René jaloux*, la même chose sous un autre titre à la façon du *Maître d'École* devenu *Gros-René Écolier*. Quant au *Médecin volant*, Molière le joue au Louvre devant le Roi, avec une autre Farce, le 18 Août 1659; le donne gratis, avec le *Dépit*, le 21 Février 1660 en l'honneur de la Paix des Pyrénées, et le Registre en indique quinze autres représentations de 1660 à 1664. C'est, on le voit, la Farce qui a été le plus souvent représentée.

Les ressemblances de détails avec des œuvres postérieures sont nombreuses, et on les a justement relevées.

Le Barbouillé, disant qu'il ne se soucie guère si *galant homme* « vient de Villejuif ou d'Aubervilliers » fait penser au mot des *Femmes Savantes* :

> *Qu'il vienne de Chaillot, d'Auteuil ou de Pontoise,*
> *Cela ne me fait rien. . . . .*

Lorsque le Docteur, qui sera plus tard le Métaphraste du *Dépit*, le Pancrace et le Marphurius du *Mariage forcé*, dit au Barbouillé : « Tranchez-moi d'un apophtegme », l'édition de 1682 ajoute dans la bouche de Pancrace : « Tranchez-moi votre discours d'un apophtegme à la Laconienne ». Lorsqu'il dit encore au Barbouillé qu'il est « un homme ignare de toutes bonnes disciplines », l'édition du *Mariage forcé* de 1682 ajoutera encore : « Vous êtes un impertinent, mon ami, un homme ignare de toute bonne discipline ». Le « Monsieur Gorgibus, touchez-là, vous parlez trop » est dans le *Bourgeois Gentilhomme* : « Touchez-là, Monsieur, ma Fille n'est pas pour vous ». Dans la scène, où, des deux côtés, Molière remplace la vulgarité du puits par la noblesse d'un couteau, après le Barbouillé disant à sa Femme : « Ah, crocodile, tu me caresses pour me trahir », Georges Dandin dira à la sienne : « Ah, crocodile, qui flatte les gens pour les étrangler ». Angélique, — la Femme a le même nom dans les deux Pièces — dit au Barbouillé : « Si tu me pousses à bout, je ferai quelque chose dont tu te repentiras », et à Georges Dandin : « Si vous me réduisez au désespoir, je ferai quelque chose dont vous vous repentirez », ce à quoi le premier, qui est un manant, répond : « Et que feras-tu, bonne chienne ? » et le second, qui ne se permet pas de tutoyer la Fille de M. de Sotenville : « Et que ferez-vous, s'il vous plaît ? ». Quand leur Femme a fait mine de se tuer, de même que le Barbouillé, menacé par elle d'être pendu s'il la laisse se tuer : « Seroit-elle bien assez sotte pour avoir fait ce coup-là ? Il faut que je descende avec la chandelle pour aller voir », Georges Dandin s'écrie aussi : « Seroit-elle bien si malicieuse que de s'être tuée pour me faire pendre ? Prenons un bout de chandelle pour aller voir ».

Il y a moins de ressemblances de détails dans le Médecin volant, mais il y en a. Ainsi : « Mais le moyen de trouver sitôt un Médecin à ma poste », se retrouve dans le Malade imaginaire : « J'avois songé en moi-même que ç'auroit été une bonne affaire d'introduire ici un Médecin à notre poste ». Sganarelle dit de Lucile dans le Médecin volant : « Il ne faut pas qu'elle s'amuse à mourir sans l'Ordonnance du Médecin », et de Lucinde dans l'Amour Médecin : « Qu'elle s'en garde bien ; il ne faut pas qu'elle meure sans l'Ordonnance du Médecin ». Dans la prose pédestre de la Farce, Sganarelle, quand il se trouve pris dans son propre piège, dit simplement : « Oui, oui, il faut encore en sortir, et faire dire que Sganarelle est le Roi des Fourbes », ce que le Valet de l'Étourdi fera briller en lettres d'or :

Vivat Mascarillus, Fourbûm Imperator ;

comme la seconde forme a bien autrement d'accent que la première, sa montée pourrait être invoquée comme une preuve que *le Médecin volant* est antérieur à *l'Étourdi*.

On a vu les dédains superbes de Rousseau, qui avait pourtant la plume assez pénible et rocailleuse pour devoir être plus indulgent. Il est cependant tout simple que le style des Farces ne soit pas d'une pureté parfaite, ce qui d'ailleurs n'aurait pas été à sa place. Si elles sont plus qu'un canevas, elles ne sont pas écrites d'une façon définitive, et pas une fois peut-être les Farces n'étaient jouées absolument de la même façon. Selon l'humeur et la fantaisie journalières des Acteurs, allant dans le sens que leur indiquaient les rires du public, et exagérant ce qui venait bien et avait porté, l'improvisation avait toujours une grande part dans ces pousses Françaises de la *Commedia dell'arte*, et il y a dans les deux Farces des endroits particulièrement notés pour cela. Ainsi, dans *le Barbouillé*, le moment où tous les Acteurs parlent à la fois pour expliquer la querelle, et Dieu sait, selon ce que rendait le Parterre, tout ce qu'ils pouvaient inventer d'invraisemblable et ce que cela pouvait durer. Dans *le Médecin volant*, il y a, dans la troisième scène, l'indication *Galimatias*, quand Gros-

René doit dire en détail à Gorgibus que les filles aiment mieux les jeunes gens que les vieillards, et, dans les scènes vii et xv, trois *etc.* pour les compliments de politesse de Gorgibus à l'Avocat, pour ceux de l'Avocat au Médecin sur le prix inestimable de ses heures, et pour ceux du bonjour de Sganarelle en quittant Gorgibus.

C'étaient comme les points d'orgue laissés à la discrétion et indiqués d'avance à la broderie des chanteurs; mais le reste du texte n'était pas beaucoup plus sacré, et, quand ils étaient en train, les Acteurs ne devaient pas se faire faute d'en prendre fort à leur aise, à la plus grande joie des auditeurs. Malgré cela, la marque de Molière y est déjà, et un auteur, dont le bagage serait composé d'une vingtaine de Farces de cette force, aurait son rang et serait tenu pour un écrivain. Qu'on se rappelle l'adresse des interruptions, la suite des neuf raisons du Docteur, la longue phrase où la bourse pleine d'écus s'enferme et ensuite se découvre successivement dans la cadence rhytmée de la montée et de la descente, inversement parallèles, de tout ce qui pourrait en assurer la conservation en en rehaussant le prix, et surtout le rôle entier de Sganarelle; plus tard le *Fagotier* du « Médecin malgré lui » ne parlera pas d'une autre sorte.

Comme de raison, l'origine des deux Farces est Italienne. La ruse de la Femme, que Boccace a bien pu trouver dans un Fabliau, est le thème de la quatrième Nouvelle de la septième Journée du *Décaméron*. Quant au nom de Barbouillé, il n'était pas nouveau à Paris, et c'est par inadvertance, ou par suite d'une faute d'impression, que Voltaire l'appelle *Barbouille;* un Sonnet épigrammatique de Maynard parle en 1646 « du Barbouillé de la Farce » à l'Hôtel de Bourgogne. Pendant que les uns jouaient sous le masque, d'autres se contentaient de se poudrer le visage de farine; le *Barbouillé* n'est pas autre chose que *l'Enfariné*. Si notre ami Pierrot n'avait pas de nom, c'est celui-là qui aurait été le sien, et il faudrait bien peu de changements pour mettre dans son esprit *la Jalousie de Barbouillé*.

Le canevas italien, sur lequel a improvisé Dominique après la Farce de Molière, était en trois actes, aussi bien que celui imprimé en 1880 à Florence par M. Bartoli d'après un manuscrit du dernier siècle, et l'on a signalé que la partie romanesque vient d'une Pièce Espagnole de Lope de Vega, *L'eau ferrée de Madrid*, où le Valet Beltran, qui s'est déguisé en Médecin, est rencontré en Laquais, et essaie de s'en tirer en prétendant avoir un frère Docteur.

A.

Il se peut aussi bien que le *Medico volante* connu de Molière ait eu ces trois actes, dans lesquels il a coupé, ou en ait eu un seul, qu'il aurait alors imité de bien plus près. Ce qui est sûr, c'est que le sujet parut successivement sur tous les Théâtres de Paris. Après la Farce Italienne vient celle de Molière de 1659 à 1664, et, en 1666, il y a, sous le même titre, deux Comédies qui la mettent en vers, comme Somaize avait déjà fait des *Précieuses*.

L'une est de Boursault, et elle a été imprimée sous le titre de : *Le Médecin volant*, comédie burlesque en un acte et en vers; Lyon, Charles Matherot, 1666. L'indication de Lyon serait-elle une trace que la Pièce de Boursault y a été jouée avant de l'être à l'Hôtel de Bourgogne? Son Avis au Lecteur est des plus curieux :

« Le *Médecin volant* est une des plus aimables Pièces qui soit au Théâtre; et j'en puis parler ainsi sans choquer la bienséance, puisque ce n'est pas moi qui en suis l'auteur. Le sujet est Italien; il a été traduit en notre langue, représenté de tous côtés, et je crois qu'il est plus beau de ma façon que d'aucune autre, à cause qu'outre la traduction, qui en est fidèle, il a encore la grâce de la Poésie ».

On remarquera qu'il se garde bien de nommer la vile prose de la Farce du Petit-Bourbon, et, comme la marche, les détails et même les expressions de sa Pièce semblent calqués sur notre *Médecin volant*, il en faut conclure que les deux Pièces ont copié de très près le même original, et que Molière aurait là suivi son modèle avec une soumission et une fidélité, dont il s'est ensuite heureusement départi. En même temps Boursault nous apprend l'existence d'un autre *Médecin volant*, qu'on ignorerait sans lui :

« Il est vrai qu'on le représente au Marais; mais, quoiqu'il soit en vers, on peut dire que la Poésie ne lui a pas donné de grâce; véritablement les nouveaux Acteurs qui sont entrés dans cette Troupe l'ont apporté de Flandres, et c'est pour cela que le langage de cette Pièce est si corrompu ».

Enfin l'on cite encore un *Trufaldino, Medico volante, commedia ridicolosa*, de Francisco Leoni, imprimé à Bologne chez Longhi, en 1668, et réimprimé sans date à Venise. On voit qu'il en a été du thème du *Médecin volant* comme, plus tard, de celui de *Don Juan*.

Bien que les deux Farces de Molière ne soient faites que pour une scène ou deux, il y passe deux types, le Pédant, qu'il reprendra plus tard, mais seulement à l'état épisodique, et le Médecin, par lequel il terminera son œuvre dans le *Malade imaginaire*.

Le Pédant au XVIe siècle avait été couramment un des personnages ridicules et un des souffre-douleurs de la Comédie Italienne. A côté des vrais savants et des humanistes honnêtes, il y avait beaucoup de cuistres et de la pire espèce. N'a-t-il pas été imprimé à Paris une « Ordonnance du Parlement sur le faict de la police des Escoliers, Principaux de Collèges, Pédagogues, Maistres Joueurs d'espée, Cabaretiers, Barbiers et Sergens », et le Théâtre Français serait là-dessus aussi riche que l'Italien. Il suffira de rappeler, entr'autres, le Pédant du *Fidelle* de Larrivey, le *Boniface et le Pédant,* traduit du *Candelaio* de Giordano Bruno, et le plus fameux de tous chez nous, le *Pédant joué,* de Cyrano.

La raillerie du Médecin est ici particulièrement curieuse. Elle met à néant l'histoire courante par laquelle Molière s'en serait pris à la Faculté à cause d'une querelle entre sa Femme et celle d'un Docteur. Le Valet de *l'Amour Médecin* et le Fagoteux du *Médecin malgré lui*, qui garde le nom de Sganarelle, continuent le Sganarelle du *Médecin volant*. C'est le même homme en trois personnes, et la prise à partie du Médecin se trouve déjà dans le mot de Barbouillé sur le Pédant : « A cause qu'il est vêtu comme un Médecin, j'ai cru qu'il lui falloit parler d'argent. »

Au lieu d'une attaque sérieuse contre la profession et la science, c'est, d'une façon bien plus naturelle, la suite, la mise en œuvre, le développement d'un type comique déjà consacré. Les plaisanteries sur les médicastres et sur les remèdes sont fréquentes dans les parades de Tabarin. Il y a plus, Molière, qui a vu dès sa jeunesse tous les Farceurs, et qui les a toujours suivis, ne peut pas ne pas avoir vu Guillot-Gorju. Or celui-ci, qui avait dû être Médecin de Montpellier et n'avait été qu'Apothicaire, faisait à merveille, une fois Comédien, et avec une connaissance scientifique d'autant plus bouffonne, les Médecins grotesques, et le passage de Sauval, qui l'a vu, est là-dessus bien précieux et bien explicite :

« Or comme il avoit étudié en Medecine, son personnage ordinaire sur le theâtre étoit de contrefaire le Medecin ridicule, qu'il representoit si bien, que les Medecins eux-mêmes étoient contraints de rire ; mais bien plus ses parens proches de la même profession, quoiqu'au desespoir de lui voir faire un metier qui tournoit à leur deshonneur. »

Pour un futur auteur de Comédies, avoir ri dès l'origine aux charges médicales de Guillot-Gorju suffit et au-delà pour en avoir mis le germe dans l'esprit de Molière; son *Médecin volant* prouve surabondamment qu'il n'a pas attendu 1665 pour découvrir cette veine de comique.

C'est Molière qui a condamné lui-même toutes ses « petites Pièces », et cela se comprend. Elles avaient été les œuvres d'apprentissage; les unes étaient trop directement imitées des Italiens, et il avait, dans ses grandes œuvres, trop souvent repris son bien où il l'avait mis. Il est difficile de ne pas convenir que, pour son temps, il a eu raison de les supprimer, mais il aurait été bien heureux, pour l'étude des origines et de la formation de son génie, et même pour leur valeur, qu'un autre eût pensé à les sauver.

Anatole de Montaiglon.

FARCES ATTRIBUEES
A
J.B.P. MOLIERE
LA
JALOUSIE DU BARBOUILLE

LE MEDECIN VOLANT

PARIS
J. LEMONNYER LIBRAIRE EDITEUR
53bis QUAI DES GRANDS AUGUSTINS
M.DCCC.LXXXIII

PERSONNAGES

Le BARBOUILLÉ, Mari d'Angélique.
Le DOCTEUR.
ANGÉLIQUE, Fille de Gorgibus.
VALÈRE, Amant d'Angélique.
CATHAU, Suivante d'Angélique.
GORGIBUS, Père d'Angélique.
LA VALLÉE.

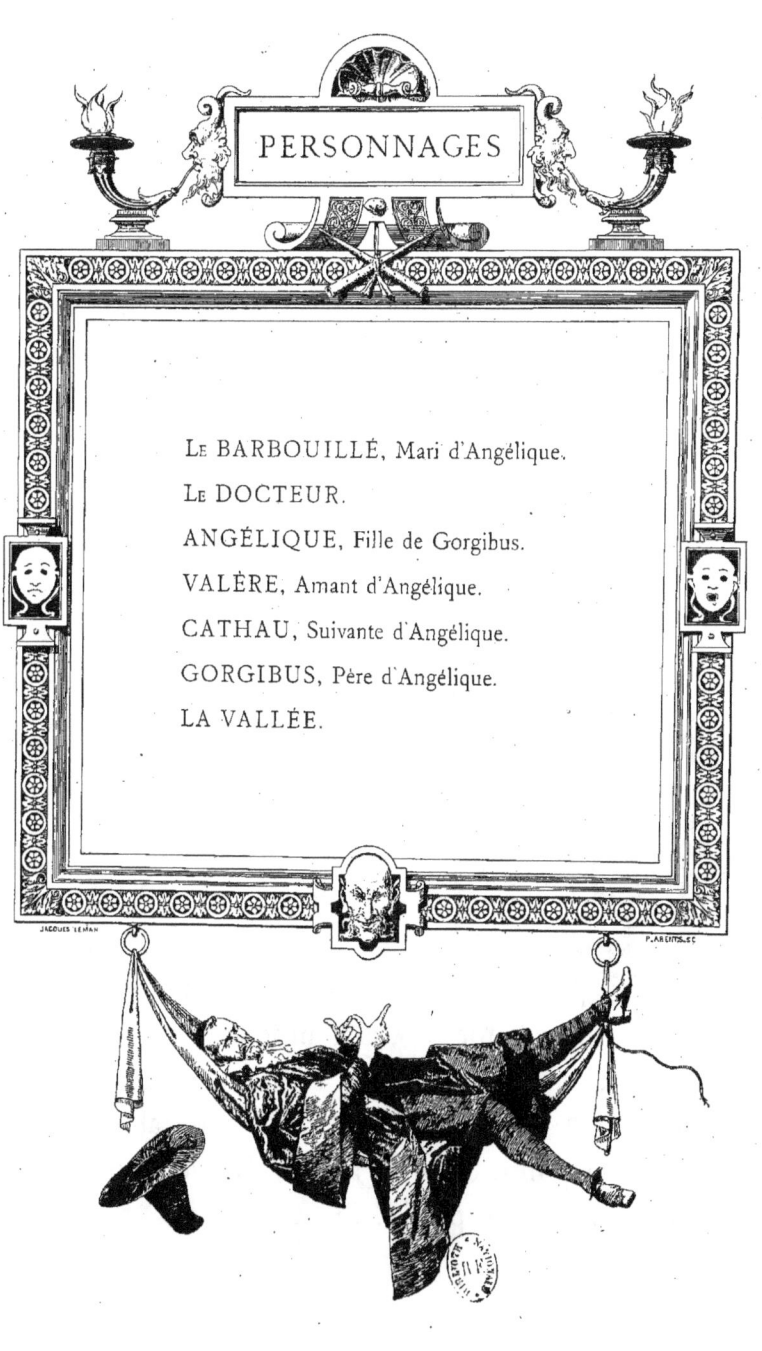

LA JALOUSIE DU BARBOUILLE

SCÈNE PREMIÈRE

LE BARBOUILLÉ

Il faut avouer que je suis le plus malheureux de tous les hommes! J'ai une Femme qui me fait enrager. Au lieu de me donner du soulagement et de faire les choses à mon souhait, elle me fait donner au Diable vingt fois le jour. Au lieu de se tenir à la maison, elle aime la promenade, la bonne chère, et fréquente je ne sais quelle sorte de gens. Ah, pauvre Barbouillé, que tu es misérable! Il faut pourtant la punir. Si tu la tuois... L'invention ne vaut rien, car tu serois pendu. Si tu la faisois mettre en prison... La carogne en sortiroit avec son passe-partout. Que Diable faire donc ? — Mais voilà Monsieur le Docteur qui passe par ici. Il faut que je lui demande un bon conseil sur ce que je dois faire.

SCÈNE II

LE DOCTEUR, LE BARBOUILLÉ

LE BARBOUILLÉ

Je m'en allois vous chercher pour vous faire une prière sur une chose qui m'est d'importance.

LE DOCTEUR

Il faut que tu sois bien mal appris, bien lourdaud et bien mal morigéné, mon ami, puisque tu m'abordes sans ôter ton chapeau, sans observer *rationem loci, temporis et personæ*. Quoi! Débuter par un discours mal digéré, au lieu de dire: *Salve, vel : Salvus sis, Doctor, Doctorum eruditissime!* Hé, pour qui me prends-tu, mon ami?

LE BARBOUILLÉ

Ma foi, excusez-moi; c'est que j'avois l'esprit en écharpe, et je ne songeois pas à ce que je faisois; mais je sais bien que vous êtes galant homme.

LE DOCTEUR

Sais-tu bien d'où vient le mot de *galant homme*?

LE BARBOUILLÉ

Qu'il vienne de Villejuif ou d'Aubervilliers, je ne m'en soucie guère.

LE DOCTEUR

Sache que le mot *galant homme* vient d'*élégant*. Prenant le *g* et l'*a* de la dernière syllabe, cela fait *ga*; et puis prenant *l*, ajoutant un *a* et les deux dernières lettres, cela fait *galant,* et puis ajoutant *homme*, cela fait *galant homme*. Mais, encore, pour qui me prends-tu ?

LE BARBOUILLÉ

Je vous prends pour un Docteur. Or çà, parlons un peu de l'affaire que je vous veux proposer. Il faut que vous sachiez...

LE DOCTEUR

Sache auparavant que je ne suis pas seulement un Docteur, mais que je suis une, deux, trois, quatre, cinq, six, sept, huit, neuf et dix fois Docteur.

1° Parce que, comme l'Unité est la base, le fondement et le premier de tous les Nombres, aussi, moi, je suis le premier de tous les Docteurs, le docte des doctes ;

2° Parce qu'il y a deux Facultés nécessaires pour la parfaite connoissance de toutes choses, le Sens et l'Entendement, et, comme je suis tout sens et tout entendement, je suis deux fois Docteur ;

LE BARBOUILLÉ

D'accord. C'est que...

LE DOCTEUR

3° Parce que le nombre de trois est celui de la Perfection, selon Aristote, et, comme je suis parfait et que toutes mes productions le sont aussi, je suis trois fois Docteur ;

LE BARBOUILLÉ

Hé bien, Monsieur le Docteur...

LE DOCTEUR

4° Parce que la Philosophie a quatre parties, Logique, Morale, Physique et Métaphysique, et, comme je les possède toutes quatre et que je suis parfaitement versé en icelles, je suis quatre fois Docteur ;

LE BARBOUILLÉ

Que Diable, je n'en doute pas. Écoutez-moi donc.

LE DOCTEUR

5° Parce qu'il y a cinq Universelles, le Genre, l'Espèce, la Différence, le Propre et l'Accident, sans la connoissance desquels il est impossible de faire aucun bon raisonnement, et, comme je m'en sers avec avantage et que j'en connois l'utilité, je suis cinq fois Docteur ;

LE BARBOUILLÉ

Il faut que j'aie bonne patience !

LE DOCTEUR

6° Parce que le nombre de six est le nombre du Travail, et, comme je travaille incessamment pour ma gloire, je suis six fois Docteur;

LE BARBOUILLÉ

Ho, parle tant que tu voudras.

LE DOCTEUR

7° Parce que le nombre de sept est le nombre de la Félicité, et, comme je possède une parfaite connoissance de tout ce qui peut rendre heureux et que je le suis en effet par mes talents, je me sens obligé de dire de moi-même : *O ter quaterque beatum!*

8° Parce que le nombre de huit est le nombre de la Justice à cause de l'égalité qui se rencontre en lui, et que la justice et la prudence avec lesquelles je mesure et pèse toutes mes actions me rendent huit fois Docteur;

9° Parce qu'il y a neuf Muses, et que je suis également chéri d'elles;

10° Parce que, comme on ne peut passer le nombre de dix sans faire une répétition des autres nombres et qu'il est le nombre universel, aussi, quand on m'a trouvé, on a trouvé le Docteur universel. Je contiens en moi tous les autres Docteurs.

Ainsi, tu vois, par des raisons plausibles, vraies, démonstratives et convaincantes, que je suis une, deux, trois, quatre, cinq, six, sept, huit, neuf et dix fois Docteur.

LE BARBOUILLÉ

Que Diable est ceci ? Je croyois trouver un homme bien savant, qui me donneroit un bon conseil, et je trouve un ramoneur de cheminée, qui, au lieu de me parler, s'amuse à jouer à la mourre. *Un, deux, trois, quatre.* Ha! ha! ha! — Oh bien! ce n'est pas cela; c'est que je vous prie de m'écouter, et croyez que je ne suis pas un homme à vous faire perdre vos peines et que, si vous me satisfaisiez sur ce que je veux de vous, je vous donnerai ce que vous voudrez, de l'argent, si vous en voulez.

LE DOCTEUR

Hé ! de l'argent ?

LE BARBOUILLÉ

Oui, de l'argent, et toute autre chose que vous pourriez demander.

LE DOCTEUR, *troussant sa robe derrière son cul.*

Tu me prends donc pour un homme à qui l'argent fait tout faire, pour un homme attaché à l'intérêt, pour une âme mercenaire ? Sache, mon ami, que, quand tu me donnerois une bourse pleine de pistoles, et que cette bourse seroit dans une riche boîte, cette boîte dans un étui précieux, cet étui dans un coffret admirable, ce coffret dans un cabinet curieux, ce cabinet dans une chambre magnifique, cette chambre dans un appartement agréable, cet appartement dans un Château pompeux, ce Château dans une Citadelle incomparable, cette Citadelle dans une Ville célèbre, cette Ville dans une Ile fertile, cette Ile dans une Province opulente, cette Province dans une Monarchie florissante, cette Monarchie dans tout le Monde, et que tu me donnerois le Monde où seroit cette Monarchie florissante, où seroit cette Province opulente, où seroit cette Ile fertile, où seroit cette Ville célèbre, où seroit cette Citadelle incomparable, où seroit ce Château pompeux, où seroit cet appartement agréable, où seroit cette chambre magnifique, où seroit ce cabinet curieux, où seroit ce coffret admirable, où seroit cet étui précieux, où seroit cette riche boîte, dans laquelle seroit enfermée la bourse pleine de pistoles, que je me soucierois aussi peu de ton argent et de toi que de cela.

LE BARBOUILLÉ

Ma foy, je m'y suis mépris. A cause qu'il est vêtu comme un Médecin, j'ai cru qu'il lui falloit parler d'argent; mais, puisqu'il n'en veut point, il n'y a rien plus aisé que de le contenter. Je m'en vais courir après lui.

Il sort.

SCÈNE III

ANGÉLIQUE, VALÈRE, CATHAU

ANGÉLIQUE

Monsieur, je vous assure que vous m'obligez beaucoup de me tenir quelquefois compagnie. Mon Mari est si mal bâti, si débauché, si ivrogne que ce m'est un supplice d'être avec lui, et je vous laisse à penser quelle satisfaction on peut avoir d'un rustre comme lui.

VALÈRE

Mademoiselle, vous me faites trop d'honneur de me vouloir souffrir, et je vous promets de contribuer de tout mon pouvoir à votre divertissement, et que, puisque vous témoignez que ma compagnie ne vous est point désagréable, je vous ferai connoître combien j'ai de la joie de la bonne nouvelle que vous m'apprenez, par mes empressements.

CATHAU

Ah, changez de discours; voyez porte-guignon qui arrive.

SCÈNE IV

LE BARBOUILLÉ, VALÈRE, ANGÉLIQUE, CATHAU

VALÈRE

Mademoiselle, je suis au désespoir de vous apporter de si méchantes nouvelles ; mais aussi bien les auriez-vous apprises de quelque autre et, puisque votre Frère est fort malade...

ANGÉLIQUE

Monsieur, ne m'en dites pas davantage ; je suis votre servante, et vous rends grâces de la peine que vous avez prise.

LE BARBOUILLÉ

Ma foi, sans aller chez le Notaire, voilà le certificat de mon Cocuage. Ha, ha, Madame la carogne, je vous trouve avec un homme, après toutes les défenses que je vous ai faites, et vous me voulez envoyer de Gemini en Capricorne !

ANGÉLIQUE

Hé bien, faut-il gronder pour cela ? Ce Monsieur vient de m'apprendre que mon Frère est bien malade. Où est le sujet de querelles ?

CATHAU

Ah, le voilà venu. Je m'étonnois bien si nous aurions longtemps du repos.

LE BARBOUILLÉ

Vous vous gâteriez, par ma foi, toutes deux, Mesdames les carognes, et toi, Cathau, tu corromps ma Femme. Depuis que tu la sers, elle ne vaut pas la moitié de ce qu'elle valoit.

CATHAU

Vraiment oui ; vous nous la baillez bonne.

ANGÉLIQUE

Laisse là cet ivrogne. Ne vois-tu pas qu'il est si soûl qu'il ne sait ce qu'il dit.

SCÈNE V

GORGIBUS, VILEBREQUIN, ANGÉLIQUE,
CATHAU, LE BARBOUILLÉ

GORGIBUS

Ne voilà pas encore mon maudit Gendre qui querelle ma Fille !

VILEBREQUIN

Il faut savoir ce que c'est.

GORGIBUS

Hé quoi! Toujours se quereller! Vous n'aurez point la paix dans votre ménage.

LE BARBOUILLÉ

Cette coquine-là m'appelle ivrogne. — Tiens, je suis bien tenté de te bailler une quinte major, en présence de tes parents.

GORGIBUS

Je dédonne au Diable l'escarcelle, si vous l'aviez fait.

ANGÉLIQUE

Mais aussi c'est lui qui commence toujours à...

CATHAU

Que maudite soit l'heure que vous avez choisi ce grigou!

VILEBREQUIN

Allons, taisez-vous! La paix!

SCÈNE VI

LE DOCTEUR, GORGIBUS, VILEBREQUIN, ANGÉLIQUE, CATHAU, LE BARBOUILLÉ

LE DOCTEUR

Qu'est ceci? Quel désordre! Quelle querelle! Quel grabuge! Quel vacarme! Quel bruit! Quel différend!

Quelle combustion! Qu'y a-t-il? Messieurs, qu'y a-t-il, qu'y a-t-il? Çà, çà, voyons s'il n'y a pas moyen de vous mettre d'accord ; que je sois votre pacificateur, que j'apporte l'union chez vous.

GORGIBUS

C'est mon Gendre et ma Fille qui ont eu bruit ensemble.

LE DOCTEUR

Et qu'est-ce que c'est? Voyons, dites-moi un peu la cause de leur différend...

GORGIBUS

Monsieur...

LE DOCTEUR

Mais en peu de paroles.

GORGIBUS

Oui-da. Mettez donc votre bonnet.

LE DOCTEUR

Savez-vous d'où vient le mot *bonnet*?

GORGIBUS

Nenni.

LE DOCTEUR

Cela vient de *bonum est,* « *bon est,* voilà qui *est bon* », parce qu'il garantit des catarrhes et fluxions.

GORGIBUS

Ma foi, je ne savois pas cela.

LE DOCTEUR

Dites donc vite cette querelle.

GORGIBUS

Voici ce qui est arrivé...

LE DOCTEUR

Je ne crois pas que vous soyez homme à me tenir longtemps, puisque je vous en prie. J'ai quelques affaires pressantes qui m'appellent à la Ville; mais, pour remettre la paix dans votre famille, je veux bien m'arrêter un moment.

GORGIBUS

J'aurai fait en un moment...

LE DOCTEUR

Soyez donc bref.

GORGIBUS

Voilà qui est fait incontinent.

LE DOCTEUR

Il faut avouer, Monsieur Gorgibus, que c'est une belle qualité que de dire les choses en peu de paroles, et que les grands parleurs, au lieu de se faire écouter, se rendent le plus souvent si importuns qu'on ne les entend point :

Virtutem primam esse puta compescere linguam.

Oui, la plus belle qualité d'un honnête homme, c'est de parler peu.

GORGIBUS

Vous saurez donc...

LE DOCTEUR

Socratès recommandoit trois choses fort soigneusement à ses disciples : la retenue dans les actions, la sobriété dans le manger, et de dire les choses en peu de paroles. Commencez donc, Monsieur Gorgibus.

GORGIBUS

C'est ce que je veux faire.

LE DOCTEUR

En peu de mots, sans façon, sans vous amuser à beaucoup de discours, tranchez-moi d'un Apophthegme. Vite, vite, Monsieur Gorgibus, dépêchons ; évitez la prolixité.

GORGIBUS

Laissez-moi donc parler.

LE DOCTEUR

Monsieur Gorgibus, touchez là ; vous parlez trop ; il faut que quelque autre me dise la cause de leur querelle.

VILEBREQUIN

Monsieur le Docteur, vous saurez que...

LE DOCTEUR

Vous êtes un ignorant, un indocte, un homme ignare de toutes les bonnes disciplines, un âne en bon François. Hé quoi, vous commencez la Narration sans avoir fait un mot d'Exorde ! Il faut que quelque autre me conte le désordre. — Mademoiselle, contez-moi un peu le détail de ce vacarme.

ANGÉLIQUE

Voyez-vous bien là mon gros coquin, mon sac à vin de Mari ?

LE DOCTEUR

Doucement, s'il vous plaît. Parlez avec respect de votre époux, quand vous êtes devant la moustache d'un Docteur comme moi.

ANGÉLIQUE

Ah ! vraiment oui, Docteur ! Je me moque bien de vous et de votre doctrine, et je suis Docteur quand je veux.

LE DOCTEUR

Tu es Docteur quand tu veux, mais je pense que tu es un plaisant Docteur. Tu as la mine de suivre fort ton caprice. Des parties d'oraison, tu n'aimes que la conjonction; des genres, le masculin; des déclinaisons, le génitif; de la syntaxe, *mobile cum fixo*; et enfin, de la quantité tu n'aimes que le dactyle, *quia constat ex unâ longâ et duabus brevibus.* Venez çà, vous ; dites-moi un peu quelle est la cause, le sujet de votre combustion.

LE BARBOUILLÉ

Monsieur le Docteur...

LE DOCTEUR

Voilà qui est bien commencé : « Monsieur le Docteur ! » Ce mot de Docteur a quelque chose de doux à l'oreille, quelque chose plein d'emphase : « Monsieur le Docteur ! »

LE BARBOUILLÉ

A la mienne volonté...

LE DOCTEUR

Voilà qui est bien : « A la mienne volonté ». La volonté présuppose le souhait, le souhait présuppose des moyens pour arriver à ses fins, et la fin présuppose un objet. Voilà qui est bien : « A la mienne volonté ».

LE BARBOUILLÉ

J'enrage.

LE DOCTEUR

Otez-moi ce mot, *J'enrage.* Voilà un terme bas et populaire.

LE BARBOUILLÉ

Hé, Monsieur le Docteur, écoutez-moi, de grâce.

LE DOCTEUR

Audi, quæso, auroit dit Cicéron.

LE BARBOUILLÉ

Oh, ma foi, si se rompt, si se casse, ou si se brise, je ne m'en mets guère en peine ; mais tu m'écouteras, ou je te vais casser ton museau doctoral. Et que Diable donc est ceci ?

Le Barbouillé, Angélique, Gorgibus, Cathau, Vilebrequin, voulant dire la cause de la querelle, et le Docteur, disant que la paix est une belle chose, parlent tous à la fois, et font un bruit confus de leurs voix, et, pendant tout le bruit, le Barbouillé attache le Docteur par le pied et le fait tomber. Le Docteur se doit laisser tomber sur le dos ; le Barbouillé l'entraîne par la corde qu'il lui a attachée au pied, et, en l'entraînant, le Docteur doit toujours parler, et compte par ses doigts toutes ses raisons, comme s'il n'étoit point à terre. Alors qu'il ne paroit plus :

GORGIBUS

Allons, ma Fille, retirez-vous chez vous, et vivez bien avec votre Mari.

VILEBREQUIN

Adieu ; serviteur et bonsoir.

SCÈNE VII

Angélique s'en va.

VALÈRE, LA VALLÉE

VALÈRE

Monsieur, je vous suis obligé du soin que vous avez pris, et je vous promets de me rendre à l'assignation que vous me donnez dans une heure.

LA VALLÉE

Cela ne peut se différer, et, si vous tardez d'un quart

d'heure, le bal sera fini dans un moment et vous n'aurez pas le bien d'y voir celle que vous aimez, si vous n'y venez tout présentement.

VALÈRE

Allons donc ensemble de ce pas.

SCÈNE VIII

ANGÉLIQUE

Cependant que mon Mari n'y est pas, je vais faire un tour à un bal que donne une de mes Voisines. Je serai revenue auparavant lui, car il est quelque part au cabaret; il ne s'apercevra pas que je suis sortie. Ce maroufle-là me laisse toute seule à la maison, comme si j'étois son chien.

SCÈNE IX

LE BARBOUILLÉ

Je savois bien que j'aurois raison de ce Diable de Docteur et de sa fichue doctrine. Au Diable l'ignorant! J'ai bien renvoyé toute sa Science par terre. — Il faut pourtant que j'aille un peu voir si notre bonne ménagère m'aura fait à souper.

SCÈNE X

ANGÉLIQUE

Que je suis malheureuse! J'ai été trop tard; l'assemblée est finie. Je suis arrivée justement comme tout le monde sortoit; mais il n'importe, ce sera pour une autre fois. Je m'en vais cependant au logis comme si de rien n'étoit. Mais la porte est fermée. Cathau! Cathau!

SCÈNE XI

LE BARBOUILLÉ à la fenêtre, ANGÉLIQUE

LE BARBOUILLÉ

Cathau! Cathau! Hé bien, qu'a-t-elle fait, Cathau? et d'où venez-vous Madame la carogne, à l'heure qu'il est et par le temps qu'il fait?

ANGÉLIQUE

D'où je viens? Ouvre moi seulement, et je te le dirai après.

LE BARBOUILLÉ

Oui. Ah, ma foi, tu peux aller coucher d'où tu viens, ou, si tu l'aimes mieux, dans la rue; je n'ouvre point à une coureuse comme toi. Comment, Diable! être toute seule à l'heure qu'il est! Je ne sais si c'est imagination, mais mon front m'en paroît plus rude de moitié.

ANGÉLIQUE

Hé bien! pour être toute seule, qu'en veux-tu dire ? Tu me querelles quand je suis en compagnie. Comment donc faut-il faire?

LE BARBOUILLÉ

Il faut être retirée à la maison, donner ordre au souper, avoir soin du ménage, des enfants. Mais, sans tant de discours inutiles, adieu, bonsoir ; va-t'en au Diable, et me laisse en repos.

ANGÉLIQUE

Tu ne veux pas m'ouvrir ?

LE BARBOUILLÉ

Non, je n'ouvrirai pas.

ANGÉLIQUE

Hé! mon pauvre petit Mari, je t'en prie, ouvre-moi, mon cher petit cœur.

LE BARBOUILLÉ

Ah, crocodile! Ah, serpent dangereux! Tu me caresses pour me trahir.

ANGÉLIQUE

Ouvre; ouvre donc.

LE BARBOUILLÉ

Adieu. *Vade retro, Satanas!*

ANGÉLIQUE

Quoi! Tu ne m'ouvriras point.

LE BARBOUILLÉ

Non.

ANGÉLIQUE

Tu n'as point de pitié de ta Femme, qui t'aime tant?

LE BARBOUILLÉ

Non, je suis inflexible. Tu m'as offensé, je suis vindicatif comme tous les Diables, c'est-à-dire bien fort; je suis inexorable.

ANGÉLIQUE

Sais-tu bien que, si tu me pousses à bout et que tu me mettes en colère, je ferai quelque chose dont tu te repentiras?

LE BARBOUILLÉ

Et que feras-tu, bonne chienne?

ANGÉLIQUE

Tiens, si tu ne m'ouvres, je m'en vais me tuer devant la porte. Mes parents, qui sans doute viendront ici, auparavant de se coucher, pour savoir si nous sommes bien ensemble, me trouveront morte, et tu seras pendu.

LE BARBOUILLÉ

Ah! ah! ah! ah! La bonne bête! Et qui y perdra le plus de nous deux? Va, va, tu n'es pas si sotte que de faire ce coup-là.

ANGÉLIQUE

Tu ne le crois donc pas ? Tiens, tiens, voilà mon couteau tout prêt; si tu ne m'ouvres, je m'en vais tout à cette heure m'en donner dans le cœur.

LE BARBOUILLÉ

Prends garde; voilà qui est bien pointu.

ANGÉLIQUE

Tu ne veux donc pas m'ouvrir ?

LE BARBOUILLÉ

Je t'ai déjà dit vingt fois que je n'ouvrirai point. Tue-toi, crève, va-t'en au Diable; je ne m'en soucie pas.

ANGÉLIQUE *faisant semblant de se frapper.*

Adieu donc... Ay ! Je suis morte.

LE BARBOUILLÉ

Seroit-elle bien assez sotte pour avoir fait ce coup-là ? Il faut que je descende avec la chandelle pour aller voir.

ANGÉLIQUE

Il faut que je l'attrape. Si je peux entrer dans la maison subtilement cependant que tu me chercheras, chacun aura bien son tour.

LE BARBOUILLÉ

Hé bien ! Ne savois-je pas bien qu'elle n'étoit pas si sotte ? Elle est morte, et si elle court comme le cheval de Pacolet. Ma foi, elle m'avoit fait peur tout de bon. Elle a bien fait de gagner au pied ; car, si je l'eusse trouvée en vie, après m'avoir fait cette frayeur-là, je lui aurois apostrophé cinq ou six clystères de coups de pieds dans le cul, pour lui apprendre à faire la bête. Je m'en vais me coucher cependant. Oh ! oh ! Je pense que le vent a fermé la porte. Hé ! Cathau ! Cathau ! Ouvre-moi.

ANGÉLIQUE

Cathau ! Cathau ! Hé bien ! qu'a-t-elle fait, Cathau ? Et d'où venez-vous, Monsieur l'ivrogne ? Ah ! vraiment, va, mes parents, qui vont venir dans un moment, sauront tes vérités. Sac à vin infâme, tu ne bouges du cabaret, et tu laisses une pauvre femme avec des petits enfants, sans savoir s'ils ont besoin de quelque chose, à croquer le marmot tout le long du jour.

LE BARBOUILLÉ

Ouvre vite, Diablesse que tu es, ou je te casserai la tête.

SCÈNE XII

GORGIBUS, VILEBREQUIN, ANGÉLIQUE, LE BARBOUILLÉ

GORGIBUS

Qu'est ceci ? Toujours de la dispute, de la querelle et de la dissension.

VILEBREQUIN

Hé quoi! vous ne serez jamais d'accord ?

ANGÉLIQUE

Mais voyez un peu, le voilà qui est soûl, et revient, à l'heure qu'il est, faire un vacarme horrible ; il me menace.

GORGIBUS

Mais aussi ce n'est pas là l'heure de revenir. Ne devriez-vous pas, comme un bon père de famille, vous retirer de bonne heure, et bien vivre avec votre Femme.

LE BARBOUILLÉ

Je me donne au Diable si j'ai sorti de la maison, et demandez plutôt à ces Messieurs qui sont là-bas dans le Parterre ; c'est elle qui ne fait que de revenir. Ah, que l'innocence est opprimée !

VILEBREQUIN

Çà, çà, allons, accordez-vous. Demandez-lui pardon.

LE BARBOUILLÉ

Moi, pardon ! J'aimerois mieux que le Diable l'eût emportée. Je suis dans une colère que je ne me sens pas.

GORGIBUS

Allons, ma Fille, embrassez votre Mari, et soyez bons amis.

SCÈNE XIIIᵉ ET DERNIÈRE

LE DOCTEUR, *à la fenêtre, en bonnet de nuit et en camisole;* LE BARBOUILLÉ, VILEBREQUIN, GORGIBUS, ANGÉLIQUE

LE DOCTEUR

Hé quoi! Toujours du bruit, du désordre, de la dissension, des querelles, des débats, des différends, des combustions, des altercations éternelles ? Qu'est-ce ? Qu'y a-t-il donc ? On ne sauroit avoir du repos.

VILEBREQUIN

Ce n'est rien, Monsieur le Docteur; tout le monde est d'accord.

LE DOCTEUR

A propos d'accord, voulez-vous que je vous lise un Chapitre d'Aristote, où il prouve que toutes les parties de l'Univers ne subsistent que par l'accord qui est entre elles ?

VILEBREQUIN

Cela est-il bien long !

LE DOCTEUR

Non, cela n'est pas long ; cela contient environ soixante ou quatre-vingts pages.

VILEBREQUIN

Adieu, bonsoir, nous vous remercions.

GORGIBUS

Il n'en est pas de besoin.

LE DOCTEUR

Vous ne le voulez pas ?

GORGIBUS

Non.

LE DOCTEUR

Adieu donc, puisqu'ainsi est. Bonsoir ; *latine : Bona nox.*

VILEBREQUIN

Allons-nous-en souper ensemble, nous autres.

PERSONNAGES

GORGIBUS, Père de Lucile.

LUCILE, Fille de Gorgibus.

VALÈRE, Amant de Lucile.

SABINE, Cousine de Lucile.

SGANARELLE, Valet de Valère.

GROS-RENÉ, Valet de Gorgibus.

UN AVOCAT.

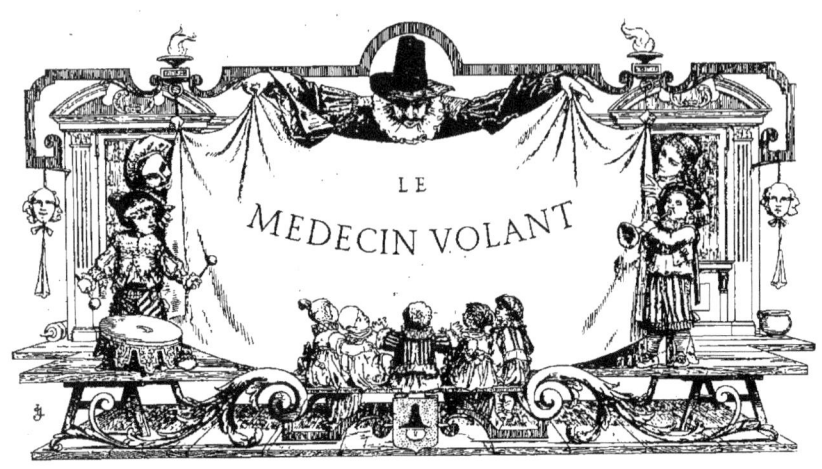

SCÈNE PREMIÈRE

VALÈRE, SABINE

VALÈRE

É bien, Sabine, quel conseil me donneras-tu ?

SABINE

Vraiment, il y a bien des nouvelles. Mon Oncle veut résolument que ma Cousine épouse Vilebrequin, et les affaires sont tellement avancées que je crois qu'ils eussent été mariés dès aujourd'hui, si vous n'étiez aimé ; mais, comme ma Cousine m'a confié le secret de l'amour qu'elle vous porte et que nous nous sommes vues à l'extrémité par l'avarice de mon vilain Oncle, nous nous sommes avisées d'une bonne invention pour différer le mariage. C'est que ma Cousine, dès l'heure que je vous parle, contrefait la malade, et le bon Vieillard, qui est assez crédule, m'envoie quérir un Médecin. Si vous en pouviez envoyer quelqu'un qui fût de vos bons amis, et qui fût de notre intelligence, il conseilleroit à la malade de prendre l'air à la campagne. Le bonhomme ne manquera pas de faire loger ma Cousine à ce pavillon qui est au bout de notre jardin, et, par ce moyen, vous pourriez l'entretenir à l'insu de notre Vieillard, l'épouser, et le laisser pester tout son soûl avec Vilebrequin.

VALÈRE

Mais le moyen de trouver si tôt un Médecin à ma poste, et qui voulût tant hasarder pour mon service! Je te le dis franchement, je n'en connois pas un.

SABINE

Je songe une chose. Si vous faisiez habiller votre Valet en Médecin; il n'y a rien de si facile à duper que le bonhomme.

VALÈRE

C'est un lourdaud qui gâtera tout, mais il faut s'en servir, faute d'autre. Adieu, je le vais chercher. Où diable trouver ce maroufle à présent? Mais le voici tout à propos.

SCÈNE II

VALÈRE, SGANARELLE

VALÈRE

Ah, mon pauvre Sganarelle, que j'ai de joie de te voir! J'ay besoin de toi dans une affaire de conséquence, mais, comme je ne sais ce que tu sais faire...

SGANARELLE

Ce que je sais faire, Monsieur? Employez-moi seulement en vos affaires de conséquence, en quelque chose d'importance. Par exemple, envoyez-moi voir quelle heure il est à une Horloge, voir combien le beurre vaut au Marché, abreuver un cheval; c'est alors que vous connoîtrez ce que je sais faire.

VALÈRE

Ce n'est pas cela; c'est qu'il faut que tu contrefasses le Médecin.

SGANARELLE

Moi, Médecin, Monsieur! Je suis prêt à faire tout ce qu'il vous plaira; mais, pour faire le Médecin, je suis assez votre serviteur pour n'en rien faire du tout. Et par quel bout m'y prendre, bon Dieu? Ma foi, Monsieur, vous vous moquez de moi.

VALÈRE

Si tu veux entreprendre cela, va, je te donnerai dix pistoles.

SGANARELLE

Ah! Pour dix pistoles, je ne dis pas que je ne sois Médecin; car, voyez-vous bien, Monsieur, je n'ai pas l'esprit tant, tant subtil, pour vous dire la vérité. Mais, quand je serai Médecin, où irai-je?

VALÈRE

Chez le bonhomme Gorgibus, voir sa Fille qui est malade. Mais tu es un lourdaud qui, au lieu de bien faire, pourrois bien...

SGANARELLE

Hé! mon Dieu, Monsieur, ne soyez point en peine; je vous réponds que je ferai aussi bien mourir une personne qu'aucun Médecin qui soit dans la Ville. On dit un proverbe d'ordinaire : « Après la mort le Médecin »; mais vous verrez que, si je m'en mêle, on dira : « Après le Médecin, gare la mort! » Mais, néanmoins, quand je songe, cela est bien difficile d'être Médecin. Et si je ne fais rien qui vaille?

VALÈRE

Il n'y a rien de si facile en cette rencontre. Gorgibus est un homme simple, grossier, qui se laissera étourdir de ton discours, pourvu que tu parles d'Hippocrate et de Galien, et que tu sois un peu effronté.

SGANARELLE

C'est-à-dire qu'il lui faudra parler Philosophie, Mathématique. Laissez-moi faire; s'il est un homme facile comme vous le dites, je vous réponds de tout. Venez seulement me faire avoir un habit de Médecin, et m'instruire de ce qu'il faut faire, et me donner mes Licences, qui sont les dix pistoles promises.

Valère et Sganarelle s'en vont.

SCÈNE III

GORGIBUS, GROS-RENÉ

GORGIBUS

Allez vite chercher un Médecin, car ma Fille est bien malade, et dépêchez-vous.

GROS-RENÉ

Que Diable aussi! Pourquoi vouloir donner votre Fille à un vieillard? Croyez-vous que ce ne soit pas le desir qu'elle a d'avoir un jeune homme qui la travaille? Voyez-vous la connexité qu'il y a, etc. *Galimatias.*

GORGIBUS

Va-t'en vite; je vois bien que cette maladie-là reculera bien les noces.

GROS-RENÉ

Et c'est ce qui me fait enrager; je croyois refaire mon ventre d'une bonne carrelure, et m'en voilà sevré. Je m'en vais chercher un Médecin pour moi, aussi bien que pour votre Fille; je suis désespéré.

SCÈNE IV

SABINE, GORGIBUS, SGANARELLE

SABINE

Je vous trouve à propos, mon Oncle, pour vous apprendre une bonne nouvelle. Je vous amène le plus habile Médecin du Monde, un homme qui vient des pays étrangers, qui sait les plus beaux secrets, et qui sans doute guérira ma Cousine. On me l'a indiqué par bonheur, et je vous l'amène. Il est si savant que je voudrois de bon cœur être malade, afin qu'il me guérît.

GORGIBUS

Où est-il donc ?

SABINE

Le voilà qui me suit. Tenez, le voilà.

GORGIBUS

Très-humble serviteur à Monsieur le Médecin. Je

vous envoie quérir pour voir ma Fille qui est malade ; je mets toute mon espérance en vous.

SGANARELLE

Hippocrate dit, et Galien, par vives raisons, persuade qu'une personne ne se porte pas bien quand elle est malade. Vous avez raison de mettre votre espérance en moi, car je suis le plus grand, le plus habile, le plus docte Médecin qui soit dans la Faculté végétable, sensitive et minérale.

GORGIBUS

J'en suis ravi.

SGANARELLE

Ne vous imaginez pas que je sois un Médecin ordinaire, un Médecin du commun. Tous les autres Médecins ne sont, à mon égard, que des avortons de Médecine. J'ai des talents particuliers, j'ai des secrets. Salamalec, salamalec :

« *Rodrigue, as-tu du cœur ? — Signor, si ; Segnor, non* ».
Per omnia sæcula sæculorum. Mais encore voyons un peu.

SABINE

Hé ! Ce n'est pas lui qui est malade, c'est sa Fille.

SGANARELLE

Il n'importe. Le sang du Père et de la Fille ne sont qu'une seule et même chose, et, par l'altération de celui du Père, je puis connoître la maladie de la Fille. Monsieur Gorgibus, y auroit-il moyen de voir de l'urine de l'égrotante ?

GORGIBUS

Oui-da. Sabine, vite allez quérir de l'urine de ma Fille. — Monsieur le Médecin, j'ai grand'peur qu'elle ne meure.

SGANARELLE

Ah! qu'elle s'en garde bien! Il ne faut pas qu'elle s'amuse à se laisser mourir sans l'ordonnance du Médecin. — Voilà de l'urine qui marque grande chaleur, grande inflammation dans les intestins. Elle n'est pas tant mauvaise pourtant.

GORGIBUS

Eh quoi, Monsieur, vous l'avalez ?

SGANARELLE

Ne vous étonnez pas de cela. Les Médecins, d'ordinaire, se contentent de la regarder ; mais moi, qui suis un Médecin hors du commun, je l'avale, parce qu'avec le goût je discerne bien mieux la cause et les suites dela maladie. Mais, à vous dire la vérité, il y en avoit trop peu pour asseoir un bon jugement; qu'on la fasse encore pisser.

SABINE

J'ai bien eu de la peine à la faire pisser.

SGANARELLE

Que cela! Voilà bien de quoi! Faites-la pisser copieusement, copieusement. Si toutes les malades pissent de la sorte, je veux être Médecin toute ma vie.

SABINE *sort et revient.*

Voilà tout ce qu'on peut avoir; elle ne peut pas pisser davantage.

SGANARELLE

Quoi! Monsieur Gorgibus, votre Fille ne pisse que des gouttes? Voilà une pauvre pisseuse que votre Fille. Je vois bien qu'il faut que je lui ordonne une potion pissative. N'y auroit-il pas moyen de voir la malade?

SABINE

Elle est levée. Si vous voulez, je la ferai venir.

SCÈNE V

SABINE, GORGIBUS, SGANARELLE, LUCILE

SGANARELLE

Hé bien, Mademoiselle, vous êtes malade?

LUCILE

Oui, Monsieur.

SGANARELLE

Tant pis; c'est une marque que vous ne vous portez

pas bien. Sentez-vous de grandes douleurs à la tête ? Aux reins ?

LUCILE

Oui, Monsieur.

SGANARELLE

C'est fort bien fait. Oui, ce grand Médecin, au Chapitre qu'il a fait de la nature des animaux, dit... cent belles choses ; et, comme les humeurs qui ont de la connexité ont beaucoup de rapport, car, par exemple, comme la mélancolie est ennemie de la joie et que la bile qui se répand par le corps nous fait devenir jaunes, et qu'il n'est rien plus contraire à la santé que la maladie, nous pouvons dire, avec ce grand homme, que votre Fille est fort malade. Il faut que je vous fasse une Ordonnance.

GORGIBUS

Vite. Une table, du papier, de l'encre.

SGANARELLE

Y a-t-il ici quelqu'un qui sache écrire ?

GORGIBUS

Est-ce que vous ne le savez point ?

SGANARELLE

Ah ! je ne m'en souvenois pas ; j'ai tant d'affaires

dans la tête que j'oublie la moitié... Je crois qu'il seroit nécessaire que votre Fille prît un peu l'air, qu'elle se divertît à la campagne.

GORGIBUS

Nous avons un fort beau jardin, et quelques chambres qui y répondent; si vous le trouvez à propos, je l'y ferai loger.

SGANARELLE

Allons, allons visiter les lieux.

SCÈNE VI

L'AVOCAT

J'ai ouï dire que la Fille de Monsieur Gorgibus étoit malade. Il faut que je m'informe de sa santé, et que je lui offre mes services comme ami de toute sa famille. Holà! holà! Monsieur Gorgibus y est-il?

SCÈNE VII

GORGIBUS, L'AVOCAT

GORGIBUS

Monsieur, votre très humble, etc.

L'AVOCAT

Ayant appris la maladie de Mademoiselle votre Fille,

je suis venu vous témoigner la part que j'y prends, et vous faire offre de tout ce qui dépend de moi.

GORGIBUS

J'étois là dedans avec le plus savant homme!...

L'AVOCAT

N'y auroit-il pas moyen de l'entretenir un moment?

SCÈNE VIII

GORGIBUS, L'AVOCAT, SGANARELLE

GORGIBUS

Monsieur, voilà un fort habile homme de mes amis, qui souhaiteroit de vous parler et vous entretenir.

SGANARELLE

Je n'ai pas le loisir, Monsieur Gorgibus ; il faut aller à mes malades. Je ne prendrai pas la droite avec vous, Monsieur.

L'AVOCAT

Monsieur, après ce que m'a dit Monsieur Gorgibus de votre mérite et de votre savoir, j'ai eu la plus grande passion du monde d'avoir l'honneur de votre connoissance, et j'ai pris la liberté de vous saluer à ce dessein; je crois que vous ne le trouverez pas mauvais. Il faut avouer que tous ceux qui excellent en quelque science sont dignes de grande louange, et particulièrement ceux qui font profession de la Médecine, tant à cause de son utilité que parce qu'elle contient en elle plusieurs autres sciences, ce qui rend sa parfaite connoissance fort difficile, et c'est fort à propos qu'Hippocrate dit dans son premier Aphorisme : *Vita brevis, ars vero longa, occasio autem præceps, experimentum periculosum, judicium difficile.*

SGANARELLE *à Gorgibus :*

Ficile tantina pota baril cambistubus.

L'AVOCAT

Vous n'êtes pas de ces Médecins qui ne vous appliquez qu'à la Médecine qu'on appelle Rationale ou Dogmatique, et je crois que vous l'exercez tous les jours avec beaucoup de succès : *Experientia magistra rerum.* Les premiers hommes qui firent profession de la Médecine furent tellement estimés d'avoir cette belle science qu'on les mit au nombre des Dieux pour les belles cures qu'ils faisoient tous les jours. Ce n'est pas qu'on doive mépriser un Médecin qui n'auroit pas rendu la santé à son malade, parce qu'elle ne dépend pas absolument de ses remèdes et de son savoir :

Interdum doctâ plus valet arte malum.

Monsieur, j'ai peur de vous être importun ; je prends

congé de vous, dans l'espérance que j'ai qu'à la première vue j'aurai l'honneur de converser avec vous avec plus de loisir. Vos heures vous sont précieuses, etc.

GORGIBUS

Que vous semble de cet homme-là ?

SGANARELLE

Il sait quelque petite chose. S'il fût demeuré tant soit peu davantage, je l'allois mettre sur une matière sublime et relevée. Cependant, je prends congé de vous. — Hé ! Que voulez-vous faire ?

GORGIBUS

Je sais bien ce que je vous dois.

SGANARELLE

Vous vous moquez, Monsieur Gorgibus ? Je n'en prendrai pas ; je ne suis pas un homme mercenaire. — Votre très humble serviteur.

SCÈNE IX

VALÈRE

Je ne sais ce qu'aura fait Sganarelle. Je n'ai point eu de ses nouvelles, et je suis fort en peine où je le pourrois rencontrer. Mais bon, le voici. — Hé bien ! Sganarelle, qu'as-tu fait depuis que je ne t'ai point vu ?

SCÈNE X

SGANARELLE, VALÈRE

SGANARELLE

Merveille sur merveille. J'ai si bien fait que Gorgibus me prend pour un habile Médecin. Je me suis introduit chez lui et lui ai conseillé de faire prendre l'air à sa Fille, laquelle est à présent dans un appartement qui est au bout de leur jardin, tellement qu'elle est fort éloignée du vieillard et que vous pouvez l'aller voir commodément.

VALÈRE

Ah! que tu me donnes de joie! Sans perdre de temps, je la vais trouver de ce pas.

SGANARELLE

Il faut avouer que ce bonhomme Gorgibus est un vrai lourdaud de se laisser tromper de la sorte. — Ah! ma foi, tout est perdu. C'est à ce coup que voilà la Médecine renversée, mais il faut que je le trompe.

SCÈNE XI

SGANARELLE, GORGIBUS

GORGIBUS

Bonjour, Monsieur.

SGANARELLE

Monsieur, votre serviteur. Vous voyez un pauvre garçon au désespoir. Ne connoissez-vous pas un Médecin qui est arrivé depuis peu en cette ville, qui fait des cures admirables ?

GORGIBUS

Oui, je le connois ; il vient de sortir de chez moi.

SGANARELLE

Je suis son Frère, Monsieur ; nous sommes gémeaux, et, comme nous nous ressemblons fort, on nous prend quelquefois l'un pour l'autre.

GORGIBUS

Je me dédonne au Diable si je n'y ai été trompé. Et comme vous nommez-vous ?

SGANARELLE

Narcisse, Monsieur, pour vous rendre service. Il faut que vous sachiez qu'étant dans son cabinet, j'ai répandu deux fioles d'essence qui étoient sur le bout de sa table. Aussitôt il s'est mis dans une colère si étrange contre moi qu'il m'a mis hors du logis et ne me veut plus jamais voir, tellement que je suis un pauvre garçon, à présent sans appui, sans support, sans aucune connoissance.

GORGIBUS

Allez, je ferai votre paix. Je suis de ses amis, et je vous promets de vous remettre avec lui. Je lui parlerai d'abord que je le verrai.

SGANARELLE

Je vous serai bien obligé, Monsieur Gorgibus.

SCÈNE XII

SGANARELLE, GORGIBUS

SGANARELLE

Il faut avouer que, quand ces malades ne veulent pas suivre l'avis du Médecin et qu'ils s'abandonnent à la débauche, que...

GORGIBUS

Monsieur le Médecin, votre très humble serviteur. Je vous demande une grâce.

B. 8

SGANARELLE

Qu'y a-t-il, Monsieur? Est-il question de vous rendre service?

GORGIBUS

Monsieur je viens de rencontrer Monsieur votre Frère, qui est tout à fait fâché de...

SGANARELLE

C'est un coquin, Monsieur Gorgibus.

GORGIBUS

Je vous réponds qu'il est tellement contrit de vous avoir mis en colère...

SGANARELLE

C'est un ivrogne, Monsieur Gorgibus.

GORGIBUS

Hé, Monsieur, vous voulez désespérer ce pauvre garçon?

SGANARELLE

Qu'on ne m'en parle plus. Mais voyez l'impudence de ce coquin-là de vous aller trouver pour faire son accord. Je vous prie de ne m'en pas parler.

GORGIBUS

Au nom de Dieu, Monsieur le Médecin, et faites cela pour l'amour de moi. Si je suis capable de vous obliger en autre chose, je le ferai de bon cœur. Je m'y suis engagé, et...

SGANARELLE

Vous m'en priez avec tant d'instance que, quoique j'eusse fait serment de ne lui pardonner jamais... Allez, touchez là; je lui pardonne. Je vous assure que je me fais grande violence, et qu'il faut que j'aie bien de la complaisance pour vous. Adieu, Monsieur Gorgibus.

GORGIBUS

Monsieur, votre très humble serviteur. Je m'en vais chercher ce pauvre garçon pour lui apprendre cette bonne nouvelle.

SCÈNE XIII

VALÈRE, SGANARELLE

VALÈRE

Il faut que j'avoue que je n'eusse jamais cru que Sganarelle se fût si bien acquitté de son devoir. — Ah! mon pauvre garçon, que je t'ai d'obligation! Que j'ai de joie et que...

SGANARELLE

Ma foi, vous parlez fort à votre aise. Gorgibus m'a rencontré, et, sans une invention que j'ai trouvée, toute la mèche étoit découverte. — Mais fuyez-vous-en; le voici.

SCÈNE XIV

GORGIBUS, SGANARELLE

GORGIBUS

Je vous cherchois partout pour vous dire que j'ai parlé à votre Frère. Il m'a assuré qu'il vous pardonnoit, mais, pour en être plus assuré, je veux qu'il vous embrasse en ma présence. Entrez dans mon logis, et je l'irai chercher.

SGANARELLE

Ah, Monsieur Gorgibus, je ne crois pas que vous le trouviez à présent, et puis je ne resterai pas chez vous. Je crains trop sa colère.

GORGIBUS

Ah, vous demeurerez, car je vous enfermerai. — Je m'en vais à présent chercher votre Frère. Ne craignez rien ; je vous réponds qu'il n'est plus fâché.

SGANARELLE

Ma foi, me voilà attrapé ce coup-là ; il n'y a plus moyen de m'en échapper. Le nuage est fort épais, et j'ai bien peur que, s'il vient à crever, il ne grêle sur mon dos force coups de bâton, ou que, par quelque Ordonnance plus forte que toutes celles des Médecins, on m'applique tout au moins un cautère Royal sur les épaules ; mes affaires vont mal. Mais pourquoi se désespérer ? Puisque j'ai tant fait, poussons la fourbe jusques au bout. Oui, oui, il en faut encore sortir, et faire voir que Sganarelle est le Roi des Fourbes.

SCÈNE XV

GROS-RENÉ, GORGIBUS, SGANARELLE

GROS-RENÉ

Ah! ma foi, voilà qui est drôle! Comme Diable on saute ici par les fenêtres ! Il faut que je demeure ici, et que je voie à quoi tout cela aboutira.

GORGIBUS

Je ne saurois trouver ce Médecin ; je ne sais où Diable il s'est caché. Mais le voici. — Monsieur, ce n'est pas assez d'avoir pardonné à votre Frère ; je vous prie, pour ma satisfaction, de l'embrasser. Il est chez moi, et je vous cherchois partout pour vous prier de faire cet accord en ma présence.

SGANARELLE

Vous vous moquez, Monsieur Gorgibus. N'est-ce pas assez que je lui pardonne ? Je ne le veux jamais voir.

GORGIBUS

Mais, Monsieur, pour l'amour de moi.

SGANARELLE

Je ne vous saurois rien refuser. Dites-lui qu'il descende.

GORGIBUS

Voilà votre Frère qui vous attend là-bas. Il m'a promis qu'il fera tout ce que je voudrai.

SGANARELLE

Monsieur Gorgibus, je vous prie de le faire venir ici; je vous conjure que ce soit en particulier que je lui demande pardon, parce que sans doute il me feroit cent hontes et cent opprobres devant tout le monde.

GORGIBUS

Oui-da, je m'en vais lui dire... — Monsieur, il dit qu'il est honteux et qu'il vous prie d'entrer, afin qu'il vous demande pardon en particulier. Voilà la clef, vous pouvez entrer. Je vous supplie de ne me pas refuser, et de me donner ce contentement.

SGANARELLE

Il n'y a rien que je ne fasse pour votre satisfaction ; vous allez entendre de quelle manière je le vais traiter. *Ah! te voilà, coquin. — Monsieur mon frère, je vous demande pardon ; je vous promets qu'il n'y a pas de ma faute. — Pilier de débauche, coquin ! Va, je t'apprendrai à vivre. Avoir la hardiesse d'importuner Monsieur Gorgibus, de lui rompre la tête de tes sottises. — Monsieur mon Frère... — Tais toi ! te dis-je. — Je ne vous désoblig... — Tais-toi coquin !*

GROS-RENÉ

Qui Diable pensez-vous qui soit chez vous à présent ?

GORGIBUS

C'est le Médecin et Narcisse son Frère. Ils avoient quelque différend, et ils font leur accord.

GROS-RENÉ

Le Diable emporte ! Ils ne sont qu'un.

SGANARELLE

Ivrogne que tu es, je t'apprendrai à vivre. Comme il baisse la vue! Il voit bien qu'il a failli, le pendard. Ah! l'hypocrite, comme il fait le bon Apôtre.

GROS-RENÉ

Monsieur, dites-lui un peu par plaisir qu'il fasse mettre son Frère à la fenêtre.

GORGIBUS

Oui-da... Monsieur le Médecin, je vous prie de faire paroître votre Frère à la fenêtre.

SGANARELLE

Il est indigne de la vue des gens d'honneur, et puis je ne le saurois souffrir auprès de moi.

GORGIBUS

Monsieur, ne me refusez pas cette grâce, après toutes celles que vous m'avez faites.

SGANARELLE

En vérité, Monsieur Gorgibus, vous avez un tel pouvoir sur moi que je ne vous puis rien refuser. — *Montre, montre-toi, coquin. — Monsieur Gorgibus, je suis votre obligé.* — Hé bien, avez-vous [vu] cette image de la débauche.

GROS-RENÉ

Ma foi, ils ne sont qu'un, et, pour vous le prouver, dites-lui un peu que vous les voulez voir ensemble.

GORGIBUS

Mais faites-moi la grâce de le faire paroître avec vous, et de l'embrasser devant moi à la fenêtre.

SGANARELLE

C'est une chose que je refuserois à tout autre qu'à vous; mais, pour vous montrer que je veux tout faire pour l'amour de vous, je m'y résous, quoique avec peine, et veux auparavant qu'il vous demande pardon de toutes les peines qu'il vous a données. — *Oui, Monsieur*

Gorgibus, je vous demande pardon de vous avoir tant importuné, et vous promets, mon Frère, en présence de Monsieur Gorgibus que voilà, de faire si bien désormais que vous n'aurez plus lieu de vous plaindre, vous priant de ne plus songer à ce qui s'est passé.

Il embrasse son chapeau et sa fraise.

GORGIBUS

Hé bien ! Ne les voilà pas tous deux ?

GROS-RENÉ

Ah, par ma foi, il est Sorcier.

SGANARELLE

Monsieur, voilà la clef de votre maison que je vous rends. Je n'ai pas voulu que ce coquin soit descendu avec moi, parce qu'il me fait honte ; je ne voudrois pas qu'on le vît en ma compagnie dans la Ville, où je suis en quelque réputation. Vous irez le faire sortir quand bon vous semblera. Je vous donne le bon jour, et suis votre, etc.

GORGIBUS

Il faut que j'aille délivrer ce pauvre garçon. En vérité, s'il lui a pardonné, ce n'a pas été sans le bien maltraiter.

SGANARELLE

Monsieur, je vous remercie de la peine que vous avez prise, et de la bonté que vous avez eue ; je vous en serai obligé toute ma vie.

GROS-RENÉ

Où pensez-vous que soit à présent le Médecin ?

GORGIBUS

Il s'en est allé.

GROS-RENÉ

Je le tiens sous mon bras. Voilà le coquin qui faisoit le Médecin, et qui vous trompe. Cependant qu'il vous trompe et joue la Farce chez vous, Valère et votre Fille sont ensemble, qui s'en vont à tous les Diables.

GORGIBUS

Ah, que je suis malheureux ! Mais tu seras pendu, fourbe, coquin !

SGANARELLE

Monsieur, qu'allez-vous faire de me pendre ! Écoutez un mot, s'il vous plaît. Il est vrai que c'est par mon invention que mon Maître est avec votre Fille ; mais, en le servant, je ne vous ai point désobligé. C'est un parti sortable pour elle, tant pour la naissance que pour les biens. Croyez-moi, ne faites point un vacarme qui tourneroit à votre confusion, et envoyez à tous les Diables ce coquin-là, avec Vilebrequin. Mais voici nos amants.

SCÈNE DERNIÈRE

VALÈRE, LUCILE, GORGIBUS, SGANARELLE

VALÈRE

Nous nous jetons à vos pieds.

GORGIBUS

Je vous pardonne, et suis heureusement trompé par Sganarelle, ayant un si brave Gendre. Allons tous faire noces, et boire à la santé de toute la Compagnie.

LES DEUX FARCES

EXPLICATION DES PLANCHES

Portrait de MOLIÈRE, à mi-corps, en habit de ville, avec un rabat de dentelle et un manteau de soie. Il est tourné à droite et pose, comme dans les portraits de son temps, le bras sur un appui de pierre ; d'une main il tient un crayon, et de l'autre un carnet. Au fond, vue de Paris ; à gauche, les maisons du quai de la Tournelle et le pavillon de la Porte Saint-Bernard ; à droite, le pont de l'Ile Saint-Louis, et la pointe orientale de la Cité, avec le chevet de Notre-Dame.

La tête, comme point de départ, est inspirée de l'ancienne gravure de J.-B. Nolin et du portrait peint de la collection du Duc d'Aumale à Chantilly.

Grand titre des deux Farces. — Cadre architectural ; il est commun aux deux Farces.

La jalousie du Barbouillé y figure par les deux fenêtres à guillotine, ouvertes dans la moitié supérieure des montants latéraux. A la fenêtre de droite, le Barbouillé, avec sa chandelle, dit à sa Femme Angélique, qui vient d'appeler Cathau pour pouvoir rentrer : *D'où venez-vous, Madame la carogne?* (Scène XI, ligne 309); à la fenêtre de gauche, Angélique, qui a trouvé le moyen de rentrer, se penche pour dire, à son tour, à son Mari : *D'où venez-vous, Monsieur l'ivrogne* (Même scène, ligne 376).

Le reste des sujets se rapporte au *Médecin volant*. — Au milieu du bas, à une riche fenêtre couronnée d'un fronton brisé, Sganarelle, en robe et en chapeau de Médecin, tient le vase, que la Servante vient de lui apporter, en disant : *Voilà de l'urine qui marque grande chaleur* (Scène IV, ligne 128). — Au milieu du haut, cadre en largeur, représentant le jardin de Gorgibus. Au fond, le pavillon, devant lequel on aperçoit sa fille Lucile; au premier plan, à gauche, l'Amoureux se hâte vers sa Belle (Scène X). — Dans la moitié inférieure des montants, la fenêtre du rez-de-chaussée de la maison de Gorgibus; à droite, Sganarelle y rentre; il ressort par celle de gauche. — Au centre du fleuron du milieu, le miroir de vérité du blason de Molière, accosté de deux petits enfants nus, armés d'une seringue.

NOTICE. — En-tête ornemental. Les rinceaux commencent et se terminent en têtes de coqs; au centre, une plaquette de marbre noir veiné de blanc.

— Lettre P. Sganarelle, en Docteur de la Faculté, passant au travers de la boucle du P comme au travers de la fenêtre de Gorgibus.

— Cul de lampe. Au milieu de rinceaux, qui fleurissent en tournesols, le buste de Sganarelle, habillé et coiffé en Médecin.

LA JALOUSIE DU BARBOUILLÉ

Faux-Titre. — Cadre ovale en largeur, dans le goût Louis XIII, avec un champ d'écailles. Le Barbouillé, coiffé d'une calotte, passe, dans les ornements du haut, une tête ahurie et ses deux mains, dont l'une tient une chandelle. Deux petits Amours tirent, d'une main, une mèche de ses cheveux et, de l'autre, portent une petite corne au bout d'un bâtonnet.

Cadre des Personnages. — Cadre, à dessins noirs et blancs, avec des masques et des torchères. Au bas est suspendue une draperie, en forme de hamac, dans lequel est couché le Docteur, dont le chapeau tombe; on lui voit, à la jambe, la corde avec laquelle Gorgibus l'a traîné, et il compte encore par ses doigts toutes ses raisons (Scène vi).

En-Tête. — Aux deux côtés du titre de la Farce, à gauche, Angélique faisant la mine de se tuer d'un coup de couteau; à droite, le Barbouillé, sortant, avec sa chandelle, pour voir si sa Femme *seroit bien assez sotte pour avoir fait ce coup-là.* (Scène xi, ligne 359).

— Lettre I. Elle représente trois Scènes. — Devant la lettre, Sganarelle monologue : *J'ai une Femme qui me fait enrager..... Si tu la tuois...., tu serois pendu* (Scène i). — A gauche, arrivée du Docteur. (Scène ii). — Au fond, à droite, la porte de la maison du Barbouillé, sur le pas de laquelle causent Angélique et Valère : *Monsieur, je vous assure que vous m'obligerez de me tenir quelquefois compagnie; mon Mari,* etc. (Scène iii, ligne 136).

— Cul de lampe. Le Docteur à sa fenêtre, en bonnet de nuit et en camisole : « *Adieu donc, puisqu'ainsi est. Bonsoir; latine : Bona nox* ». (Scène xiii, ligne 422).

LE MÉDECIN VOLANT

Faux-Titre. — Cadre carré. En haut, le vase de la Scène iv; à droite et à gauche, une seringue en pal, fleurée par un papillon; en bas, un petit Amour ailé, déguisé en Médecin, passe au travers de l'ornement comme au travers d'un cerceau.

Cadre des Personnages. — Miroir carré, surmonté d'un fronton. Le manche est une Marotte, terminée par une tête de Folie ailée, ayant, autour de son cou, une couronne d'immortelles accompagnée de grelots. Sur les côtés du miroir, un profil de fenêtre; à gauche, Sganarelle en Médecin; à droite, Sganarelle, tenant à la main son chapeau et sa robe de Médecin. Au-dessous du miroir, une ligne d'oiseaux moqueurs, et, pendus aux rinceaux, deux petits trophées de seringues en sautoir, accompagnés d'une fleur de tournesol en graine et d'une « rose pâle ».

En-Tête. — Théâtre sur un tréteau. Sganarelle, déjà costumé en Médecin, soulève la Toile, en étendant les bras, et regarde par dessus. Des deux côtés du Rideau, les Acteurs, qui joueront les rôles de Gros-René et de Sabine, passent la tête pour voir leur public; ils sont accompagnés de deux enfants, en costumes de Pages, dont l'un joue de la trompette et dont l'autre frappe sur une timbale posée à terre. Les trois Acteurs regardent cinq petits spectateurs, qui sont assis sur une planche et attendent avec ardeur la représentation. Au bas, les armes de Sganarelle, d'or à un vase d'argent, surmonté d'un chapeau pointu de sable.

— Lettre H. Sganarelle, déguisé en Médecin, tient le vase que Sabine vient de lui apporter. A droite, Gorgibus, son chapeau à la main, s'écrie avec surprise : *Hé quoi, Monsieur, vous l'avalez? — Ne vous étonnez pas de cela,* etc. (Scène iv, ligne 131); à gauche, Sabine, Servante de Lucile. Des deux cotés, une seringue, posée sur son étui, sert de support à l'ornementation.

— Cul de lampe. Un détail de la Scène xv. Gros-René veut prouver à Gorgibus que le Médecin et son soi-disant frère Narcisse ne sont qu'un ; Sganarelle, à la fenêtre et encore en robe de Médecin, se dispose à donner l'embrassade à son chapeau et à sa fraise, qu'il élève sur un de ses poings pour faire croire à la présence de ce frère. Alors Gorgibus : *Eh bien! ne les voilà pas tous deux?* (Scène xv, ligne 405).

Achevé d'imprimer a Évreux
Par Charles Hérissey
Le Vingt-cinq Aout Mil huit cent quatre-vingt-trois

Pour le compte de Jules Lemonnyer
Éditeur a Paris